SECOND

MÉMOIRE JUSTIFICATIF DE LA COMTESSE DE VALOIS DE LA MOTTE;

ÉCRIT PAR ELLE-MÊME.

« La vérité terrible, avec des yeux vengeurs,
« Vient sur l'aîle du temps, & lit au fond des cœurs;
« Son flambeau redoutable éclaire enfin l'abîme
« Où, dans l'impunité, s'étoit caché le crime. »

Eriphile, Tragéd. de Volt.

À LONDRES.

1789.

SECOND MÉMOIRE JUSTIFICATIF.

Il est des positions bien affreuses dans la vie ! Il est des êtres bien malheureux ! Mais je doute que, dans les annales de l'infortune humaine, il se trouve un exemple qu'on puisse opposer à mes calamités ! Ce qui me les rend insupportables, c'est moins l'humiliation & l'ignominie, auxquelles on m'a iniquement vouée, que l'indispensable & accablante nécessité où je me trouve d'éclaircir des faits trop présens à la mémoire de tout un peuple, & de r'ouvrir des plaies que le temps n'a pas encore cicatrisées. — Quelle fatalité me force encore à reprendre la plume, après qu'elle est tombée

mille fois de mes mains? — Pourquoi me vois-je encore obligée de retracer de nouveaux forfaits, de jetter un nouveau jour ſur des machinations impies, ſur des complots *régicides*, que l'Europe, & ſur-tout le François, euſſent dû ignorer à jamais, & que j'avois juré au ciel de laiſſer enſevelis dans les ténebres du myſtere?

Mais je dois à mes concitoyens, je me dois à moi-même, à la poſtérité, de déchirer entiérement le voile de ces iniquités; de montrer au grand jour le crime triomphant, & l'innocence immolée, non-ſeulement pour avertir mon ſiecle que j'ai été victime des grands intérêts de mes deux illuſtres criminels; mais encore pour donner à tous les peuples une grande leçon, celle de ne jamais devenir ni l'eſclave, ni le complice d'aucun perſonnage important.

Dans mon premier *mémoire* j'ai dévoilé des faits bien horribles, des trâmes bien perfides, des ſcélérateſſes inouies; eh bien! on a trouvé trop timide la plume profane que le reſpect, dont je ſuis encore pénétrée pour ce que j'eus *de plus cher au monde*, accusoit sans cesse de sévérité, j'ai presque dit d'impiété. — On me reproche d'avoir été trop discrette, & par là même obscure, *équivoque* dans des récits tracés avec trop de ménagement envers une femme féroce, qui eût pu être l'idole de 25 millions d'hommes, & que 25 millions d'hommes se sont fait une habitude de mépriser & d'abhorrer, en la plaçant entre *Médicis* & *Frédégonde*. Eh bien ! lecteurs injustes, je vais parler, je vais détruire à jamais les traces qu'à laissées sur mon *honneur* la cruelle aventure du trop fameux *Collier*. — Mais songez qu'il faut des motifs aussi puissans que l'impérieuse nécessité où vous me mettez de me justifier completement, pour lever le voile qui eût dû couvrir éternellement les forfaits que je vais révéler. — Puisse cette fatalité être une leçon pour mon auguste persécutrice, & étouffer, dans son ame d'airain, cette soif du sang & de l'or, cet insatiable besoin de nuire, de conspirer contre tout ce qui est bien ou utile, qu'elle a, plus que jamais, manifestés depuis la fatale époque de son ignominieuse victoire sur la créature du monde qu'elle auroit dû le moins persécuter, puisqu'elle avoit daigné descendre de son trône *pour l'élever jusqu'à elle.*

Et toi, Princesse aujourd'hui plus infortunée que moi, peut-être; toi, la reine impuissante du plus bel empire de l'univers, du peuple le plus aimant, le plus loyal; toi, qui n'as cessé un instant de ta vie de tramer sourdement quelque forfait, ô ma souveraine! puisse la nécessité impérieuse où tu m'as mise de révéler cette petite partie de ta vie, dont tu m'as rendue le triste témoin, te porter à l'amendement & au repentir! puisses tu rentrer dans les voies de la douceur, de la droiture, de l'humanité, qualités précieuses, dont le germe est dans ton cœur, & qui n'y ont été étouffées que par les funestes conseils des monstres dont tu fus long-temps environnée! — Ah! je t'en conjure, au nom de la patrie qui m'a proscrite, au nom de tous les François, qui ne desirent que de voir mériter leur amour, abjure pour jamais cette politique assassine, ces *coquineries* barbares, ces cabales obscures, ressource honteuse des gouvernemens foibles & des tyrans, montre-toi digne de porter une couronne qu'on pourroit facilement t'ôter dans un moment où tu as enfin forcé ton peuple à réclamer & à recouvrer ses droits naturels! montre-toi l'ame de ce bon peuple, & bientôt tu en seras l'idole; bientôt tu entendras bénir, par toutes les bouches, celle que toutes les bouches blasphêment & maudissent; bientôt....Je m'arrête, ce n'est point à une malheureuse victime de ta rage, ou du moins de tes intérêts, à t'endoctriner. — Les François t'ont donné, le 14 Juillet, une leçon que tu n'oublieras sûrement jamais.

Pardonne, si l'incrédulité ou l'insatiable curiosité de tes sujets m'oblige, pour mon entiere justification, de rapporter ici des faits dont tu aurois pu leur dérober la connoissance si, plus juste & plus humaine, tu avois daigné jetter un regard de pitié sur celle que tu avois autrefois admise à la *plus grande familiarité*; si moins fiere, moins repoussante, tu eusses accueilli les humbles prieres de ta victime, sollicitant à tes pieds de quoi l'arracher, non pas à la honte, mais du moins à la misere, à la plus affreuse indigence où tu as eu la barbarie de la plonger....

Je reviens à mes lecteurs,.... & pour mériter leur confiance, je vais redresser loyalement & sans rougir des torts que j'ai eus dans mon premier mémoire... J'avoue que quelques particularités de ma vie y ont été présentées sous des couleurs peu naturelles, que j'en ai passé plusieurs autres sous silence; comme je me suis déterminée à tout dire, je ne puis, à ce que je crois, donner une idée plus exacte de la véracité & de la rectitude de mes récits, qu'en retraçant fidellement & sans fard une infinité de circonstances accessoires, propres à donner une parfaite idée de ma naissance, de ma fortune & de mes liaisons. Je préviens le public qu'il ne sera pas peu surpris de ma franchise courageuse, qui ne peut que le bien disposer en faveur des récits que j'ai à lui faire sur plusieurs importans personnages, & principalement sur la féroce *Antoinette* & l'imbécille *cardinal de Rohan*.

Une vérité constatée par l'histoire, & connue de tous les hommes instruits, est que mes ancêtres s'étoient distingués à la cour & dans les armées, qu'ils étoient issus du sang des rois, & que la plupart d'entr'eux avoient versé leur sang & sacrifié leur fortune pour la défense de l'état. Le baron de S. Remi, mon pere, ne crut pas digne de lui de marcher sur leurs traces : à dieu ne plaise que je m'attache jamais à calomnier les auteurs de mes jours ; que ma langue s'attache à mon palais, que mes doigts soient paralysés par la justice suprême, si je cesse de révérer dans le baron de Sainr-Remi le caractere auguste & saint dont il étoit revêtu par la nature, le titre sacré de *pere* ; mais je dois à la véracité dont je fais profession en traçant cette partie de mon histoire, de dire qu'il n'étoit guere propre à relever l'éclat de l'illustre maison de Saint-Remi.

tombée dans l'oubli depuis environ soixante ans. Foible, indolent, crapuleux, Jacques de Saint-Remi, dédaigna la noble profession des armes pour végéter dans l'obscurité. Il se forma une société de paysans, stupides, grossiers & débauchés, avec lesquels il ne rougissoit point de s'enivrer tous les jours, & de dissiper son patrimoine : il porta le comble à cet avilissement en épousant sa propre servante, qu'il avoit déjà rendue mere.

Cette femme, sortie de la lie du peuple, sans éducation, sans mœurs, sans esprit & sans beauté, le plongea de plus en plus dans la débauche par son exemple au lieu de l'en retirer par ses conseils. Elle-même se livra au libertinage le plus scandaleux ; & pour comble de malheur sa fécondité désastreuse procuroit régulièrement tous les ans, au moins une fois, au baron son époux, les honneurs de la paternité.

La mauvaise conduite de ce couple trop bien assorti amena bientôt leur ruine totale. La terre de Fontette, près de Bar-sur-Aube, dont jouissoit la maison de S. Remi depuis plusieurs siecles fut vendue ; & l'argent dissipé en peu de temps. Il ne resta bientôt plus que quelques arpens de vignes, hypothéqués ou saisis par des créanciers. Réduit à l'indigence, menacé par des huissiers inexorables, il ne restoit plus à mon pere d'autre parti à prendre que la fuite : mais ce parti étoit encore embarrassant ; il lui restoit trois enfans, tous dans l'enfance, & ma mere étoit enceinte.

Cependant il falloit opter entre cette ressource & la prison ; il fut donc arrêté qu'on se réfugieroit à Paris, lui, sa femme, mon frere & moi, & qu'on abandonneroit ma sœur *Marie-Anne*, qui ne marchoit pas encore, aux soins de la providence.

Il y avoit à Fontette un laboureur, dont j'ai fait dans le mémoire publié dans mon procès, un portrait imposteur & très-désavantageux. Ce particulier, nommé Durand, étoit le plus honnête & le plus généreux des hommes. Marié, sans enfans, vivant paisiblement du fruit de ses travaux & du produit de ses terres, il étoit estimé & honoré de ses voisins, à qui il avoit souvent le bonheur d'être utile. Mon pere étoit de ceux auxquels il avoit procuré des secours pécuniaires. Ce Durand étoit parrain de Marie-Anne ; ce fut chez lui qu'on résolut de la laisser.

Le jour & l'heure du départ arrivés, ma mere emmaillote cette innocente créature, la met, comme un nouveau Moïse, dans un panier de jonc, & mon pere en tremblant va la suspendre à la fenêtre du bon Durand, livré dans ce moment au sommeil tranquille qui accompagne toujours la vertu. La nature frémit, & ce pere infortuné, arrosant pour la derniere fois de ses larmes sa fille délaissée, s'éloigne sans bruit, rejoint sa compagne, qui nous traînoit par la main, mon frere & moi, & nous nous acheminons ainsi tous les quatre, à petites journées, vers la capitale.

Paris est un triste séjour pour une famille misérable & sans ressources! mon pere n'ayant

pour subvenir à notre subsistance, nous ... du
à Boulogne, dont il connoissoit le curé; ce respectable pasteur, qui n'avoit d'un prêtre que cette aménité, cette urbanité, cette sensibilité touchante, qui captivent tous les cœurs, en y portant la consolation & la paix, accueillit avec compassion cette famille errante, daigna fournir à nos besoins & nous rendre de fréquentes & charitables visites. Ma mere accoucha d'un quatrieme enfant qui ne vécut point. Mon pere, consumé de chagrins & de remords tardifs, fut atteint d'une maladie grave à laquelle il succomba, à l'Hôtel Dieu de Paris, en 1762, à l'âge de quarante-quatre ans.

Ma mere fut médiocrement affectée de la mort d'un homme qu'elle n'avoit jamais réellement aimé, & qu'elle n'avoit épousé que par vanité & par intérêt. Bientôt le séjour de Boulogne lui déplut; elle résolut de retourner à Fontette, où des liaisons scandaleuses l'attiroient. Le curé lui donna de l'argent pour faire son voyage, elle partit avec mon frere; je fus retenue par ce bon prêtre, qui ayant cru démêler en moi quelques heureuses dispositions, me fit donner une éducation soignée. Bientôt je sus coudre & broder parfaitement. Une dame qu'il suffit de nommer pour en faire l'éloge, la marquise de Boulainvilliers, eut occasion de voir de mes ouvrages, elle eut la bonté de m'encourager, de s'intéresser à mon sort, & m'attacha enfin à elle en qualité de femme-de-chambre.

En peu de tems je parvins à me concilier, l'estime & la bienveillance de ma maîtresse. Mais je l'avouerai, dans cet état d'avillissement, mon ame murmuroit; une voix secrette me crioit sans cesse que le sang des Valois couloit dans mes veines, & que la postérité des rois n'étoit pas faite pour gémir dans les humiliations de la servitude. En vain ma généreuse bienfaitrice m'accabloit pour ainsi dire de ses bontés; je ne pouvois détruire en moi ces mouvemens impétueux d'une ambition à laquelle je dois mon infortune présente. Mon air triste & rêveur, la mélancolie dont j'étois affectée, les longs soupirs qui m'échappoient même en présence de ma bienfaitrice, enfin la pâleur qui altéroit la fraîcheur naturelle de mon teint, tout déceloit ma profonde affliction. La marquise ne tarda pas à s'en appercevoir. Elle me pressa plusieurs fois de lui en découvrir la cause ; elle étoit si bonne, si engageante, qu'enfin je me décidai à lui ouvrir mon ame ulcerée par la douleur, & lui parlai à-peu-près en ces termes : » vous êtes trop bonne, madame la » marquise, de daigner abaisser vos regards » jusqu'à moi, & faire attention à ma tristesse. » Hélas ! mes peines sont de nature à ne recevoir aucun adoucissement. Sans doute qu'il » y a infiniment d'honneur à moi de vous approcher, madame ; mais je n'étois pas née » pour le rang abject où je me vois descendue : » mes peres occupoient les premieres places à » la Cour ; ils ne voyoient entr'eux & le trône » qu'un léger intervalle, plusieurs gouvernerent » le peuple françois, le sang du grand Henri IV

» coule dans mes veines, & je n'ai hérité » que du malheur qui persécuta constamment » ce bon prince ».

Ensuite je fis à la compatissante marquise l'histoire détaillée des prodigalités & de l'inconduite de mes parens, de la perte de mon patrimoine, des calamités qui avoient présidé à mon enfance & à celle de mes freres & sœurs, en ajoutant que depuis la mort déplorable de mon pere je n'avois reçu aucune nouvelle de sa malheureuse épouse.

Ma sensible protectrice, touchée de ce récit, daigna m'embrasser affectueusement, m'arrosa de ses larmes vertueuses, & me déclara que dès ce moment je ne serois plus considérée dans sa maison que comme une amie à laquelle elle prenoit le plus vif intérêt. Je fus habillée & logée selon mon nouvel état, & devins la compagne & l'égale de sa fille.

Elle ne borna pas là ses bienfaits; elle écrivit à la baronne de Saint-Remi, pour l'engager à lui faire passer les titres qui pouvoient constater mon illustre naissance. Mais ma mere infortunée n'étoit plus à Fontette, elle avoit disparu depuis plusieurs années, & l'on ignoroit ce qu'elle étoit devenue.

Une disette de grains, arrivée en Champagne, l'avoit forcée à s'expatrier. Abandonnée de ses anciens *amis*, elle s'étoit vue réduite à travailler, elle & son fils, à la culture des vignes pour différens particuliers de Fontette; mais le salaire de leurs travaux n'étant pas suffisant pour leur nourriture & leur entretien, ma mere résolut de se séparer de son fils, & d'aller cacher sa misere sous un ciel inconnu. Elle rassembla donc un jour les titres de la maison de Saint-Remi, qu'elle avoit eu l'étonnante précaution de conserver, les mit dans une boîte, qu'elle donna à mon frere, en lui recommandant de ne les montrer à personne; ensuite elle l'embrassa & lui dit un éternel adieu. L'enfant, qui avoit déjà du goût pour les voyages, alla raconter à sa sœur Marie-Anne ce qui s'étoit passé. Le bon Durand, son pere adoptif, vole chez la malheureuse baronne; elle n'étoit déjà plus à Fontette, & personne n'a su depuis où elle avoit porté ses pas.

Quant à mon frere, il se rendit à Toulon, & s'engagea sur un vaisseau en qualité de mousse. Il se faisoit appeller *Valois*. Un jour ce nom frappa l'oreille du marquis de *Courcy*, capitaine de ce navire; il fit venir le jeune mousse, s'informa de sa patrie, s'assura de sa naissance par la vérification de ses titres, & fut si vivement touché du sort infortuné du jeune baron, qu'il résolut dès-lors de l'alléger. « Mon ami », lui dit ce respectable militaire en lui remettant ses papiers, » vous n'étiez point destiné » par la nature à remplir le rôle dont vous êtes » ici chargé; je ne veux point que vous exer» ciez davantage l'emploi de mousse, je vous » fais dès ce moment *enseigne*, & je pourvoi» rai à votre avancement, si par votre condui» te vous répondez à mes voeux «. Excité par les motifs de la gloire & de la reconnoissance, le jeune baron se rendoit chaque jour digne des

bontés

bontés de son généreux bienfaiteur : il reçut, sous ses auspices, une éducation digne de son nom, & parvint enfin au grade de lieutenant de vaisseau, où il s'est distingué par ses talens & sa bravoure, & où il a mérité d'être décoré de la croix de Saint-Louis à l'âge de vingt-huit ans.

Le marquis de Courcy, plus heureux de faire le bonheur de mon frere que mon frere ne l'étoit même de son changement d'état, racontoit cette aventure à tous ses amis. Comme il étoit étroitement lié avec madame de Boulainvilliers, il l'instruisit dans une de ses lettres, avec le plus grand détail, de l'histoire du jeune baron, lui marqua qu'il devoit incessamment l'amener à Paris & le présenter au Roi.

La marquise fut charmée que le hasard la servît mieux que les soins & les peines qu'elle s'étoit inutilement donnés pour découvrir quelques nouvelles de mon errante famille ; elle engagea le marquis de Courcy à accélérer son voyage à Paris, tant elle étoit impatiente de réunir à ses genoux sa nouvelle famille. Elle écrivit en même-tems à Durand, lui annonça l'intention où elle étoit d'étendre sa protection sur *Marie-Anne*, qu'elle réclamoit avec la reconnoissance & la bonté de la plus tendre des meres. Cette nouvelle affligea ce bon vieillard; il s'étoit fait un besoin de faire le bien; il alloit marier *Marie-Anne* à un de ses voisins, honnête laboureur, nommé Colas, qu'elle aimoit, & lui donnoit pour dot sa médiocre fortune. *Marie-Anne*, de son côté, vit de très mauvais œil le vif intérêt que la marquise de Boulainvilliers prenoit à sa personne. Le bruit de cette faveur se répandit dans Fontette; la dame du lieu profitant de cette occasion pour faire sa cour à la marquise de Boulainvilliers, dont elle vouloit solliciter la protection en faveur d'un procès qu'elle avoit pendant au parlement, enleva sourdement *Marie-Anne* à ses parens adoptifs, & la conduisit à la généreuse marquise. Le baron, mon frere, arriva quelques jours après, sous les auspices de son bienfaiteur. On dressa un mémoire généalogique sur les titres de notre maison, par les soins infatigables de madame de Boulainvilliers & mon frere fut présenté au roi, par le marquis de Courcy. Le monarque lui ayant demandé s'il ne seroit pas bien aise d'embrasser l'état écclésiastique, le jeune homme lui répondit avec fermeté : *Sire, servir son Roi, c'est servir son Dieu.* Sa majesté, satisfaite de cette réponse, daigna sourire & gratifier mon frere d'une pension de huit cent livres, en l'assurant de sa protection spéciale. Ce bon prince étendit aussi sa main bienfaisante sur les deux sœurs du baron, en nous accordant à *Marie-Anne* & à moi, une pension qui nous procura les moyens de recevoir une éducation proportionnée à notre naissance. Nous passâmes quelque temps au couvent de Longchamp près de Boulogne ; mais les *béguineries* de cette sainte prison déplurent tellement à ma sœur qu'elle résolut de se retirer à Bar-sur-Aube, ou elle me proposa de la suivre. Déjà l'amour de l'indépendance parloit à mon cœur ; nous fîmes accroire à Madame de Boulainvilliers que mon pere avoit laissé quelques héritages dans les environs de Fontette, & que nous allions à Bar-sur-Aube pour en découvrir les usurpateurs, & nous les faire restituer. La marquise crut tout, & nous laissa partir.

Elle connoissoit, à Bar-sur-Aube, une dame de Suremont, femme du prévôt de cette Ville; ce fut à cette dame qu'elle nous adressa, en la priant de diriger nos démarches. Nous fûmes accueillies avec amitié par madame de Suremont, qui nous produisit dans les meilleures sociétés de la ville, moi sous le nom de *mademoiselle de Valois*, & ma sœur, sous celui de mademoiselle *de Saint-Remi*.

Parmi les personnes que nous voyons à Bar-sur-Aube, ma sœur & moi, la dame de la Motte, veuve d'un officier de gendarmerie, étoit celle avec qui nous entretenons des liaisons plus particulieres. Cette femme avoit un fils dans le même corps. Revenu en congé de Lunéville, il fit ma connoissance, me parla d'amour, &

quoique par sa naissance & sa fortune il ne dût point prétendre à ma main, il fut écouté, & qui plus est, il fut heureux. Persuadés que le mystere doit être le compagnon de l'amour, nous mîmes la plus grande circonspection dans notre liaison. Nous nous voyions souvent en secret, & nous semblions nous éviter en public. Une aventure assez plaisante faillit troubler pour jamais notre bonheur.

L'absence n'avoit pu bannir dans le cœur de *Colas* l'amour qu'il avoit eu pour *Marie-Anne*, il apprend à Fontette qu'elle est à Bar sur-Aube, chez madame de Suremont; il y vole, s'adresse à un domestique & demande à voir *Marie-Anne*. Le domestique le reprend vivement de sa rusticité: *Dites donc mademoiselle de S. Remi.* — *Mademoiselle de S. Remi*, soit, répondit le paysan; *elle est toujours Marie-Anne pour moi*, puisque je l'ai connue avant qu'elle *fût* MADEMOISELLE. Le domestique, soit par bêtise, soit par malice, introduisit Colas jusques dans le sallon où étoit alors ma sœur avec une nombreuse compagnie.

Colas saute au col de sa maîtresse, l'embrasse étroitement, en lui disant : « Ma chere Marie-» Anne ! que je suis aise de vous revoir ! M'a-» vez-vous toujours été fidele ? avez-vous pensé » à moi quelquefois ? m'aimez-vous toujours » comme je vous aime ? » Ma sœur ne lui laisse pas le temps de continuer, elle écume de colere, le repousse durement, en le traitant de lourdaut, d'insolent & de *gredin* ; elle l'apostrophe en même temps d'un soufflet, en lui ordonnant de sortir sur le champ de la salle.

Madame de Suremont, témoin de cette scene, en fut indignée ; elle appliqua sur la joue gauche de ma sœur un autre soufflet, & la reprit vivement d'en agir aussi indécemment avec un homme qu'elle avoit aimé, & qu'elle se feroit autrefois trouvée trop heureuse d'avoir pour époux : elle engagea Colas à rester, mais celui-ci prit incontinent congé de la compagnie, & dit hautement, en se grattant l'oreille : « Ah ! » mon Dieu ! mon Dieu ! comme la fortune » change les mœurs & détruit l'amour ! Elle

» ne se souvient pas, l'ingrate, du temps où
» nous allions aux champs ensemble, & *où nous*
» *nous culbutions sur l'herbe.* »

Ces derniers mots furent recueillis par la compagnie, & firent pendant quelque temps l'amusement des cercles de la ville.

La leçon que ma sœur avoit reçue de madame Suremont humilioit trop son amour-propre pour qu'elle ne songeât pas à sortir de sa maison; elle se retira donc aux Ursulines, où elle vouloit aussi m'entraîner; mes affaires étoient en trop bon chemin avec le sieur de la Motte pour que je pusse m'y résoudre; je restai auprès de madame Suremont.

Cependant mon embonpoint augmentoit de jour en jour; je me vis forcée de déclarer mon état. La Motte se chargea de l'annoncer à sa mere, qui, de son côté, en instruisit madame de Suremont. Mais ce qui devenoit embarrassant, c'étoit d'apprendre cette nouvelle à la marquise de Boulainvilliers. Comme il n'y avoit pas de temps à perdre, & qu'on ne pouvoit point s'empêcher de la prévenir sur un mariage que les circonstances rendoient nécessaires, on arrêta que madame de Suremont écriroit à cette bienfaisante protectrice, qu'elle lui représenteroit M. de la Motte comme un jeune homme de qualité, qui avoit les plus grandes espérances à prétendre, & qu'elle lui demanderoit son agrément pour cette *illustre* alliance. La marquise crut tout, approuva tout, & bientôt on maria la *faim* avec la *soif*, car M. de la Motte n'avoit rien, ni moi non plus. Il fit monter sa fortune à six mille livres, par son contrat de mariage, apparemment qu'ils étoient hypothequés sur les brouillards de la Marne, car jamais il n'a vu une obole du capital ni des intérêts.

Je demande pardon à mes lecteurs d'être entrée dans ces détails insipides ; ils m'ont paru nécessaires pour donner au public la mesure de ma franchise, & l'avertir du degré de confiance qu'il doit donner aux récits importans que je vais tracer.

On se rappelle comment j'accompagnai mon

mari à Lunéville, comment j'y fus obsédée par les *Lovelaces* de l'armée, & sur-tout par un scélérat qui, ne pouvant arracher à ma vertu des faveurs impudiques, voulut me forcer à les *vendre* par indigence, en forçant mon mari à quitter son corps, dont la solde suffisoit à notre subsistance. Ce scélérat est le marquis *d'Autichamp*, connu à la cour par ses basses intrigues, & par sa débauche, & dans l'armée, par ses exactions & sa rapacité.

On se rappelle encore comment, ayant volé au secours de ma protectrice, malade à Saverne, j'y fis la connoissance du cardinal de Rohan; comment, après la mort de la marquise de Boulainvilliers, je fus poursuivie, harcelée par le marquis son mari, & à quel prix ce vil ministre des plaisirs d'un premier prince du sang royal vouloit me vendre des bienfaits que m'avoit pour ainsi dire légués sa vertueuse épouse en mourant.

On se rappelle comment, pour me dérober aux feux adulteres de ce vieux libertin, je réclamai les bontés du cardinal de Rohan, comment & à quel prix ce prélat me combla de bienfaits, comment je fus élevée jusqu'au premier personnage du royaume de France, & quelles ont été les suites désespérantes de cette étonnante & déplorable *élévation*.

On sait avec quelle audace *Antoinette*, la cruelle *Antoinette*, a toujours soutenu ne m'avoir jamais vue. Je crois avoir assez prouvé que, non seulement elle *m'avoit vue*, mais *connue*, mais *carressée*, mais comblée des *faveurs* les plus *chere*, appellée des *noms* les plus *doux*. Si on daigne jeter un regard impartial sur la correspondance qui termine mon premier mémoire, & dont j'ai en main les originaux; si on daigne consulter les nombreux témoins que j'y ai cités, on fera convaincu, que j'ai été & *vue* & *connue* par la reine de France; & s'il restoit encore quelque incertitude sur les faits déjà articulés, en voici de nouveaux, en voici d'indubitables, & dont le récit même, qui fera fremir d'effroi, donnera en même-temps la mesure du caractere & de l'impudence d'une femme qui, de sang froid, deux fois tenté d'incendier & de submerger de sang tout un Empire, & qui méditoit le meurtre de son époux, dans les momens même où elle le fatiguoit de ses perfides carresses.

Après la distinction flatteuse dont la reine m'avoit honorée, lors de mon indisposition chez Madame, les courtisans, & sur-tout le cardinal de Rohan, qui avoient démêlé dans les regards de sa majesté qu'elle avoit du *goût* pour moi, m'enhardirent à tenter la fortune, & à mettre à profit les bonnes dispositions d'une souveraine qui régissoit alors tous les pouvoirs & toutes les parties de l'administration. Ce fut le placet que je lui présentai, ce maudit placet qui acheva ce que le hasard & la foiblesse de ma santé avoient si bien commencé. C'étoit, comme je l'ai dit ailleurs, le 2 février, jour de la pompeuse procession de l'ordre du S. Esprit. Le soir même je reçus de madame Misery, à qui j'avois écrit, le billet suivant, en réponse à ma lettre.

« Vos affaires vont le mieux du monde, la » reine est charmée de trouver l'occasion de » vous être utile, & ma répété qu'elle vous » *serviroit de tout son cœur*. Je suis même auto- » risée à vous assigner un rendez - vous pour » demain, 3 du courant, à onze heures du soir, » à Trianon. Vous viendrez chez moi, & lors- » qu'il en sera temps, je vous introduirai auprès » de mon auguste maîtresse.

Signé MISERY.

Je fus exacte à la minute au rendez - vous indiqué ; on m'attendoit avec la plus vive impatience, ce qui me fit faire des conjectures dans le genre de celles du cardinal. La reine m'accueillit avec cette bonté d'ame, cette aménité touchante qu'elle sait si bien feindre avec les personnes dont elle croit avoir besoin ; ou qu'elle veut tromper avec plus de perfidie. Cette entrevue n'eut pourtant d'autre objet que de s'informer de mes liaisons, de l'état de ma fortune, & de me recommander, sous peine d'encourir une *disgrace éclatante*, de ne faire part à personne de la *liaison* qui alloit exister entre nous, ni des *services* qu'elle me rendroit. Je promis une discrétion inviolable ; on m'honora d'un tendre baiser pour premiere marque de l'intérêt qu'on prenoit à moi, on mit dans ma main *trois billets noirs* de caisse, & l'on me congédia en me disant, *adieu nous nous reverrons.*

Dès que je fus remise aux mains de madame *Misery*, elle me fit mille questions inquietes : Eh ! bien, n'est-elle pas adorable cette *bonne* princesse ? n'est elle pas digne de régner sur l'Europe entiere ? avec qu'elle impatience elle attendoit votre arrivée ? croiriez - vous que votre accident d'hier lui tournoit la tête, qu'elle n'a point reposé de la nuit ; & qu'elle a répété plusieurs fois votre nom avec une expression de sentiment qui présage votre bonheur avenir. Hélas ! je fus heureuse aussi, moi, madame, mais ma félicité ne fut qu'une ombre fugitive. Sa chez en jouir, & sur-tout soyez discrete; le mystere & la complaisance pourront vous porter bien loin.

Ce monologue échauffa mon imagination déjà frappée par l'entretien que j'avois eu avec sa majesté. J'osai cependant espérer que cette sensibilité n'avoit d'autre objet que celui d'obliger, d'adoucir le sort d'une infortunée, de relever la descendante des Valois, plongée dans l'indigence & l'obscurité.

J'arrivai chez moi en proie à des réflexions flatteuses ou affligeantes qui se croisoient dans ma tête. Le cardinal ne tarda pas à m'y joindre, & la premiere question qu'il me fit fut celle d'un vieux libertin, qui connoît toutes sortes de débauches, & qui ne peut croire à la vertu. Il n'a jamais cru que cette première entrevue se fût passée *chastement*. Il m'encouragea à la *complaisance*, à la discrétion, en me représentant plusieurs fois que ma fortune en dépendoit, ainsi que la sienne. Dès-lors, il redoubla ses attentions & ses bienfaits, qui devinrent inutiles p l'estime & la confiance dont daignoit m'honorer ma souveraine. Je pensois encore à ses dernieres & affectueuses paroles, *adieu*, *nous nous reverrons*, lorsque je reçus le billet suivant, écrit de sa propre main, & que je conserve en original, ainsi que plusieurs autres, & plus de trente lettres écrites au cardinal, ainsi que les réponses du prince-prélat, monumens éternels de mes malheurs, & de la cruauté inouie de ces deux trop puissans personnages (1). Voici le billet en question :

« On vous attend ce soir au P. Tr. ; vous » arriverez par l'allée des maronniers ; vous » trouverez en chemin une dame (c'étoit la de- » moiselle *Dorvat*), qui vous introduira ».

Ce 4 février 1784.

La demoiselle Dorvat accompagna ce billet

(1) Voyez à la fin la Correspondance, échappée à l'incendie exécuté à Bar-sur-Aube, par ordre du baron de Breteuil.

de deux mots de sa main, pour m'indiquer l'heure & le lieu où elle me rejoindroit, & les deux missives me furent remises en même-temps.

Je me rendis à l'*ordre* : la *Dorvat* étoit venue au-devant de moi jusqu'à la grille du parc; je fus introduite sur le champ dans le cabinet de la reine, qui me donna bientôt l'explication claire & précise de tout ce qu'on m'avoit laissé soupçonner. *Bon* dieu! que les *grands* sont quelquefois *petits* ! Jamais créature ne fut plus affable, plus humble, plus prévenante que la reine de France dans ce moment délicieux, qui rappelle à mon cœur tant d'amertumes; je tremblois. . . Le respect dont j'étois pénétrée l'affligeoit. Elle daigna m'enhardir par des carresses non équivoques & par les paroles les plus douces. . . . Bientôt l'ingénieuse libertine parcourut avec des regards dévorans ce qu'elle vouloit bien appeller mes appas; sa bouche enflammée colla par-tout des baisers de feu, & je rougis en avouant que je fus satisfaite. . . . Mais quelle

douleur

douleur aſſiege mon ame oppreſſée, lorſque je me rappelle ces proteſtations ardentes d'une *amitié* éternelle, ce dépouillement entier du caractere impoſant de ſouveraine, cette majeſté du trône miſe à mes pieds dans ces inſtans de délire, qui faiſoient de la plus fiere des créatures une humble bergere, n'aſpirant qu'au bonheur de me rendre ſes vœux agréables.... Que j'étois loin de penſer, dans ces nuits d'ivreſſe, qu'un jour ces *appas* qu'elle avoit la bonté de vanter avec tant d'enthouſiaſme, de contempler avec tant de volupté, ſeroient profanés & proſcrits par le fer infamant de la juſtice....!

Après avoir paſſé deux heures à m'*entretenir*, la reine me congédia, & me gratifia de dix mille livres en *billets* de caiſſe, en me diſant encore, *adieu, nous nous reverrons.* Trois jours après je reçus en effet, je reçus de ſa propre main l'indication d'un nouveau rendez-vous, conçue en ces termes :

« Ce soir, heure ordinaire, vous êtes attendue
» au P. T. la Dorvat ira vous joindre ».

Ce 7 février 1784.

Je confesse ici, pour la premiere fois, que cette *nuit* fut le plus *beau jour* de ma vie. Quelles délices me préparoit cette voluptueuse princesse; & comment peut-on allier dans un même cœur tant de sensibilité avec tant de barbarie, tant d'épanchement avec tant de noirceur, tant de bienveillance avec tant de perfidie! Hélas, j'étois donc ce foible oiseau qu'un enfant écrase sous ses pieds, après s'en être amusé quelques instans!

Ce fut cette nuit, cette nuit à jamais gravée dans mon ame navrée, qui m'éleva au rang des dieux de la terre, en me faisant partager la *couche* royale. La voluptueuse princesse m'attendoit impatiemment entre deux draps, & je puis assurer qu'elle mit à profit les cinq heures que lui laissoit de liberté le voyage de son époux à Rambouillet. . . . Forcée de se séparer de moi, elle ajourna notre prochaine entrevue au dimanche suivant, heure & lieu ordinaires.

Cependant le cardinal me harceloit de parler en sa faveur. L'ambition le rongeoit. Il vouloit être, coûte qu'il coûte, premier ministre; l'empereur Joseph II sollicitoit sourdement pour lui, persuadé qu'il lui seroit servilement vendu; mais la reine, soit par dissimulation, soit par vengance l'avoit toujours éloigné de cette place éminente.

On a vu qu'elle avoit long-temps fermé l'oreille aux propositions de paix, aux protestations de repentir du prélat, & enfin aux prieres réitérées que je lui avois adressées en sa faveur dans les momens même où elle ne pouvoit me rien refuser. Cette haine inextinguible de sa majesté pour le prince-évêque avoit moins pour objet la lettre écrite à la Reine de Hongrie, que j'ai rapportée dans mon premier mémoire, qu'une lettre antérieure trouvée dans les papiers de Louis XV, à la mort de ce monarque. Le cardinal, envoyé à Vienne pour contracter le mariage du Dauphin avec cette archiduchesse d'Autriche, osa, dit-on, abuser du droit de l'épouser : il fit des propositions réitérées, qui furent rejettées avec dédain par la future Dauphine, qui alors avoit pour *écuyer* un officier Allemand qui fixoit tous ses vœux. Le prince, indigné de cette préférence, écrivit à Louis XV une lettre où il lui conseilloit d'abandonner son projet. Voyez cette piece, vraiment curieuse, jointe sans doute au fameux procès du collier, & trouvée à la bastille par le sieur de *Beaumarchais*, qui a bien voulu nous l'envoyer en original ; elle est en entier écrite de la main du prince Louis de Rohan.

SIRE,

« Il est douloureux pour moi que la mission importante dont votre majesté m'a honoré me réduise à la triste nécessité d'affliger votre ame ; mais mon devoir & l'honneur de l'Etat sont pour moi au-dessus de toute considération. J'ai étudié d'après vos ordres la jeune princesse destinée à monseigneur le Dauphin, & j'oserai prendre la liberté de vous dire que ce n'est nullement *son fait*. L'archiduchesse est coquette, fiere, repoussante & je crois *libertine*. Elle a une *inclination* qui la déshonore aux yeux clairvoyans de la moitié de la cour; son caractere hautain, & son goût pour la frivolité, pour les bals & les courses nocturnes, la rendent ici le sujet des railleries les plus indécentes. Le sieur Bielfeld, officier du régiment d'*Annalt*, est son favori particulier, & l'on glose beaucoup ici sur cette liaison.

Voilà, sire, ce dont mon caractere m'impose le devoir de vous instruire; je crois qu'une telle princesse n'est guère propre à régner sur les François, peuple qui calomnie jusqu'aux vertus de ses souverains, & qui les méprise dès qu'ils ont pu avilir la majesté du trône.

Je ſuis, avec un entier dévouement à vos ſuprêmes volontés,

SIRE,

de votre majeſté,

le très-humble, très-fidele & très-ſoumis ſerviteur & ſujet,

† L. PRINCE EVEQUE de Strasbourg.

Il n'eſt ſans doute pas un bon citoyen en France, qui ne s'écrie en liſant cette lettre, plût au ciel que la vengeance du cardinal eût eu ſon plein effet ! Que de maux il eût épargnés au plus aimant, au plus loyal des peuples!

Mais Louis XV ne pouvoit plus reculer; ſa parole étoit donnée, & il ne pouvoit rompre cette alliance ſans s'expoſer à une guerre inévitable avec l'impératrice *Marie-Thérèſe*. Le mariage ſe fit, & cette lettre remiſe à la princeſſe, par les ennemis du cardinal, fut la ſource d'une haine que n'a que trop envenimée une ſeconde, écrite *à l'impératrice-reine* par le jaloux prélat, touchant les *liaisons* scandaleuses de sa fille avec le comte d'Artois.

Tandis que le cardinal soulevoit ciel & terre pour parvenir au Vizirat, M. le comte de la Motte, mon époux, plus heureux que lui, eût été subitement porté à cet important emploi, si l'ambition m'eût aveuglée jusqu'au point de méconnoître une femme dont tout m'avertissoit de me méfier.

Un jour, ou plutôt une *nuit*, que j'avois le bonheur de l'amuser dans ce cabinet voluptueux, où tant de fois elle daigna m'élever jusqu'à elle, cette princesse me tint le discours suivant : « *ma* » *chere amie*, vous n'ignorez pas combien je » suis portée à vous *servir* & à vous donner » des marques de mon *amitié*, toutes les fois que » l'occasion s'en présentera. Dites-moi quel » homme est-ce que le comte votre mari ? Est- » il propre à remplir une place dans le corps » diplomatique ? Pourroit-on l'employer dans » quelque partie de l'administration, par » exemple ?

Sans doute que si, pour remplir une tâche aussi difficile que l'administration d'un empire, il suffisoit de cette odieuse cupidité, de cette ineptie complette, de cette perfidie dans le maniement des revenus publics, de cette hauteur insupportable, de cette inexorable cruauté qui caractériserent un *Fleury*, un *Terray*, un *Breteuil*, un *Brienne*, un *Sartine*, un *le Noir*, sans doute, dis-je, que M. de la *Motte* eût eu assez de talens pour régir l'autorité royale ; mais le ministere des agens de la souveraineté est une espece de sacerdoce dans lequel une erreur est un crime irréparable, & cause quelquefois la perte de tout un peuple, & je n'étois pas d'avis que mon mari fît jamais le malheur de personne.

Je remerciai donc ma souveraine de l'intérêt qu'elle daignoit prendre à l'avancement de M. de la Motte ; je lui observai que mon mari ayant été, dès son jeune âge, consacré à la profession des armes, il avoit négligé toute autre éducation, & qu'il étoit peu propre à répondre à ſes royales bontés. L'air morne & ſilencieux qui parut ſur ſon front à cette réponſe me fit concevoir quelques ſoupçons ſur cette bienveillance extraordinaire. Vergennes étoit avare & inexorable ; Calonne, dont les prodigalités avoient obéré l'état, ne donnoit plus rien, il falloit établir un nouvel ordre de choſes. La reine vouloit renvoyer Calonne, dont elle auroit mis à profit la diſgrace, en le forçant de partager ſecrettement avec elle le fruit de ſes exactions & de ſes brigandages, ou de tomber ſous le fer des bourreaux. On l'auroit remplacé par M. de la Motte, & ce miniſtre inexpérimenté, dont le regne eût été tout au plus de vingt-quatre heures, auroit été accuſé des fripponneries de ſon prédéceſſeur, & forcé de s'expatrier avec ſon innocence, tandis que l'autre eût, à côté du ſcélérat le *Noir*, joui paiſiblement du fruit de ſon inconduite ; & afin de ne s'expoſer à aucun reproche, la reine, qui *voyoit* alors familiérement le cardinal, auroit ſi bien dreſſé ſes batteries qu'elle eût fait retomber sur ce prélat toutes les rapines ; toutes les fautes politiques commises par *Calonne*, à qui elle auroit exclusivement attribué l'élévation du comte de la Motte.

Je dis que la reine voyoit alors familiérement le cardinal : elle a fait ses efforts pour persuader le contraire. Je crois que la correspondance placée à la fin de mon premier mémoire prouve assez que *le maître* n'avoit pas toujours dédaigné les vœux de l'*esclave*. Si d'après le despotisme exercé contre ce malheureux prince ; d'après les pieces immortelles du *procès*, aujourd'hui entre les mains de la nation par la chûte de la Bastille ; & enfin d'après la correspondance scandaleuse entretenue avec le cardinal, que j'ai déjà citée, il restoit encore quelque doute sur cette intrigue mémorable ; la lettre que je vais rapporter, dont l'original est, au moment où l'on lit ce mémoire, déposé *à la tour de Londres*, où l'on peut le consulter gratuitement ; cette lettre dis-je, qui fut le seul monument de la lubricité d'une auguste courtisanne, suffit pour la rendre l'opprobre de son siecle ; & le désespoir de la vie du meilleur des époux, cette lettre ouvrira les yeux les moins disposés à voir. La voici fidelement transcrite :

Ce 26 Juillet 1784.

» *L'esclave* est trop timide avec le *maître* ; voilà tous les *torts* que je lui connois. Ingrat ! comme tu m'humilies par tes reproches ! — tu crois qu'il en coûte à mon cœur d'oublier des calomnies qui m'ont privée pendant des années de couvrir des baisers de l'amour, de presser sur mon sein palpitant, tout ce que j'ai de plus cher au monde ! — ne me parle plus *d'ennemis*, tes ennemis sont devenus les miens, je les punirai du mal qu'ils m'ont fait en t'éloignant de moi ; — mais c'est à une condition que j'espere ne pas voir rejettée, c'est que tu repareras le tems perdu, que tous les momens que les plaisirs champêtres du *ministre* vulcain nous laisseront, tu les rempliras par ta présence à T. — Il part ce soir pour R. Voles donc jurer dans mes bras d'exécuter ſcrupuleuſement cette condition qui fera le bonheur de ma vie. — Je t'attends heure ordinaire, — crois-tu que ma livrée te rendra abſolument méconnoiſſable ? ſi tu allois être rencontré par quelque valet-de-pied qui voulût ſavoir de quel droit tu porte le même habit que lui ? Cependant je crois que c'eſt-là le coſtume le moins ſuſpect que tu puiſſe adopter. — Je ne ſuis pas d'avis que tu mette dans ta confidence le *ſauvage*, cet homme-là me déplaît par ſon pédantiſme, & je penſe qu'il eſt toujours dangereux de ſe mettre entre les mains des charlatans, de quelque eſpece de maladie qu'on ſoit atteint. Je t'attends, mon *ange*, & déjà j'accuſe la lenteur du ſoleil à faire place aux ténebres. A ce ſoir, adieu, à ce ſoir.

J. T. R. B. V. C. G, adieu «.

N. B. *Le maître*, comme on l'a remarqué dans mon premier mémoire, étoit la reine, le *miniſtre* étoit le roi. Par *l'eſclave* on déſignoit le cardinal, & le baron de *Planta* avoit été surnommé le *ſauvage*.

On voit par cette lettre que les affaires étoient fort avancées. J'ai dit ailleurs tous les efforts que j'avois faits, je ne dis pas pour réconcillier les deux illuſtres *amans*, mais même pour diſpoſer la *reine* à entendre les raiſons du cardinal, à jetter un regard de pardon ſur ſon repentir, & enfin à lui rendre ſes bonnes graces, *qu'il achetteroit*, diſoit-il, *au prix de ſa vie*. On a vu combien de fois la reconnoiſſance m'avoit engagée au péril de déplaire en faiſant ſans ceſſe tomber la converſation ſur un homme dont le nom ſeul jettoit preſque Antoinette dans des convulſions : *le cardinal vous trompe*, me dit-elle un jour, *il vous trompe, Comteſſe, & ne parviendra jamais à m'en impoſer, à moi ; ſincere ou non, il veut qu'on croie à ſa ſincérité ; il ſe défend ſi gauchement, & j'ai contre lui,* ENTRE MES MAINS, *des preuves ſi convaincantes de ſes torts, qu'il ne parviendra jamais à les effa-*

cer dans mon esprit, — je vous défends de m'en parler davantage.

Le ton de fermeté avec lequel elle avoit prononcé ces paroles me détermina à ne plus penser à *la fortune du prince*, qu'il m'avoit dit être dans mes mains. Je lui dis sincerement tout ce qui s'étoit passé, & m'efforçai de le résoudre à attendre tout du tems & du hasard.

Voici encore un billet de rendez-vous ; c'est le dernier dont je fatiguerai les yeux de mes lecteurs : il est écrit de la main de la reine.

» Lesclaux (1) vous remettra une lettre pour le président *d'Aligre*, dans laquelle je lui fais recommander votre affaire. Je desire que vous la remettiez vous-même ; prenez garde aux questions insidieuses de ce curieux Robin. Dorvat ira vous prendre aujourd'hui à l'heure ordinaire ; — viens, chere amie, viens calmer

(1) Mercure de la reine.

l'agitation de mon cœur murmurant sans cesse de ton absence —».

Ce 12 Avril 1784.

Je fis ainsi qu'il m'étoit ordonné. Le président d'Aligre fit de vains efforts pour savoir quelque chose, je fus sourde, muette, inébranlable. La Dorvat vint me joindre à la grille du parc, rendez-vous ordinaire ; nous marchions tranquillement sans dire mot, tout-à-coup cette charmante *soubrette* se laisse tomber dans mes bras en fondant en larmes, ses sanglots étouffent sa voix, & ce n'est qu'au bout de quelques minutes qu'elle prit ainsi la parole : » pardonnez, madame, à ma foiblesse ; vous ne pouvez concevoir combien je suis malheureuse & tout ce que votre bonheur me fait souffrir. J'eus aussi, moi, l'avantage de voir intimement mon auguste maîtresse ; je fus honorée des mêmes faveurs qu'elle vous prodigue aujourd'hui, & dont elle m'a fait un besoin qui me tourmente ſans ceſſe. Puiſſiez-vous être plus heureuſe que *celles* qui vous ont précédées ! Puiſſent vos charmes fixer enfin l'inconſtance d'une princeſſe dont l'indiſcrette verſatilité peut faire le malheur d'un moment à l'autre ; tenez, madame la comteſſe, je vous *aime*, je ſerois déſeſpérée qu'il vous arrivât quelque accident ; je vous avertis donc de vous méfier des fourberies de l'ingrate que j'adore en rougiſſant, craignez qu'elle ne vous attire dans quelque piege, ne prêtez les mains à aucun complot, tenez-vous-en aux intrigues du *cabinet*, & ne vous mêlez pas d'autre choſe ; j'ai mes raiſons pour vous parler ainſi, une autrefois je vous en dirai davantage ».

J'avois trop d'intérêt à éclaircir les ſoupçons que fit naître en moi ce diſcours, je preſſai mademoiſelle Dorvat de continuer, mais elle m'obſerva que ce n'étoit ni le lieu, ni le moment, & qu'elle aimoit mieux que j'allaſſe prendre le chocolat chez elle le lendemain matin. Nous arrivons & je ſuis incontinent introduite

L'air froid avec lequel elle m'accueillit d'abord me glaça deffroi ; je crus lire dans les yeux de ma souveraine ma disgrace, & la perte irrévocable de ce pauvre cardinal dont, malgré le danger que j'encourois en parlant de lui, je n'avois pas absolument abandonné les intérêts. Mais on me rassura bientôt, on daigna me gronder obligeamment de m'être fait attendre, & on m'avoua que, l'imagination pleine de mon image, on avoit été une fois *heureuse* sur le *sopha*. On m'aida à me déshabiller, & je tins encore cette fois la place du *lourd & dégoûtant ministre* ; c'est ainsi qu'on s'exprimoit sur ce pauvre roi à qui les parisiens servent aujourd'hui de tuteurs & de geoliers.

Je passai des bras de ma souveraine dans l'appartement de mademoiselle Dorvat, qui reprit bientôt le récit de la nuit précédente, à peu près en ces termes :

« Madame la comtesse, ne pensez pas que la jalousie ni la haine me dictent ce que je vais dire, l'intérêt ſeul que vous m'avez inſpiré me fait faire une démarche qui peut me perdre.... Vous êtes la dixieme favorite que je vois ſuccéder auprès de ma maîtreſſe; j'ai vu *Langeac*, *Polignac*, *d'Oſſun*, *Lamballe*, *Miſery*, *Guimard*, *Saint-Huberty*, *Raucourt*, *Bertin*, en concurrence avec d'*Artois*, *Ferſenne*, *Lauſun*, *Fronſac*, *Vaudreuil*, *Dillon*, *Coigny*, & quelques autres. La reine eſt une *androgine* dont il faut vous défier en tout point: ſans doute que vos complaiſances auront le même prix que les miennes; l'ingrate m'éleva juſqu'à elle, aujourd'hui me voilà deſcendue à l'état humiliant de ſervante, pour ne pas dire quelque choſe de pis.

Son caractere diſſimulé vous tendra quelque piege; elle a toujours beſoin de quelqu'un pour exécuter les projets ſiniſtres qui occupent tous les inſtans qu'elle ne donne point à la lubricité. Elle a des haines inextinguibles, &, pour ſatisfaire ſon cœur vindicatif, elle ſe ſoucie fort peu de ſacrifier ſes meilleurs amis. Elle vous emploiera, comtesse, n'en doutez pas ; j'ai entendu, au comité....

Comment, puisque vous la connoissiez sous ce point de vue, restez-vous auprès d'elle, répartis-je à mademoiselle *Dorvat.* — C'est la curiosité qui m'entraîne à sa cour : mon emploi m'associe aux secrets les plus mystérieux & les plus importans ; je suis le témoin & non le complice de tous les forfaits politiques qui se commettent en France, car c'est du comité que part tout ce qui se dit & tout ce qui se fait dans l'administration du royaume. Ce *comité* est composé de tous les *roués* de la cour, de quelques femmes corrompues & présidé par la *reine.* C'est-là que s'ourdissent toutes les trames, que se rédigent les édits & les traités, que se dispense l'or du trésor national ; c'est-là que viennent rendre leurs comptes les ministres du roi, qui ne sont, à dire vrai, que les commis & les secrétaires du *comité* ; c'est-là que se vendent les emplois, les cordons bleus & rouges, les charges, les titres, les évêchés, les abbayes, les prieurés, & jusqu'aux *commissions* les moins importantes. Il y a une caisse particuliere pour le produit de ces ventes, dont le sieur *Petit*, complaisant de la *Polignac*, est le trésorier. C'est enfin-là que se trament les complots les plus noirs.... Hier, par exemple, on y parloit du Brabant. Si j'en crois ce que j'ai cru entendre, on a envoyé quelques personnes à Bruxelles, entr'autres, un chevalier de *la Prade* & *Linguet*, pour insinuer aux Brabançons de secouer le joug de l'empereur : si ces *espions* François parviennent à soulever ce peuple, à le porter à réclamer les secours de la France, à le jetter dans les bras de Louis XVI, aussi-tôt l'empereur nous déclare la guerre ; &, comme par des dissolutions & des prodigalités inouies, on est parvenu à obérer l'état, & à le réduire à ne pouvoir se défendre contre les incursions étrangeres, l'empereur nous dictera les conditions de la paix qu'il voudra bien nous vendre, & le prix proposé sera au moins la *Flandre*, la *Lorraine* & le *Barrois*. Voilà, comtesse, comment ce pauvre Louis XVI eſt joué par tout ce qui l'environne. Vergennes ſeul eſt ferme & ſévere, auſſi le hait-on mortellement, & il pourroit bien avoir le ſort du récalcitant Maurepas. Je ne vous en dis pas davantage ».

Ce langage me livra à mille réflexions affligeantes, & je ne tardai pas à m'appercevoir que la *Dorvat* étoit inſtruite.

On a vu dans mon premier mémoire combien le nom ſeul du cardinal-prince inſpiroit d'horreur à la *reine*; on a vu que ſes ordres ſuprêmes m'interdirent abſolument la liberté de parler, & de ſon repentir & de ſes vœux; eh bien! cet homme ſi *horrible*, qui rappelloit à l'eſprit de ma ſouveraine des ſouvenirs ſi triſtes & ſi révoltans, ce même homme devint ſubitement l'objet des complaiſances & des carreſſes de ſon implacable ennemie. On recevoit les lettres dont il me chargeoit, on y répondoit avec bonté, mille queſtions le rappelloient ſur la ſcene dans nos converſations, enfin on le combla des *faveurs* les plus *précieuſes* & les plus *douces*; on l'éleva au *rang* des rois, & cela pour l'immoler plus ſûrement à la vengeance.

Un jour, après s'être exprimé ſur le compte de la reine avec les termes de mépris dont ſe ſervent d'ordinaire les amans inquiets & ces individus avilis qui trafiquent, ou du moins ſe ſubſtentent des appas d'une femme, il prit un ton ſérieux, & me dit: « Oh çà, comteſſe, il eſt temps de pourvoir à votre fortune, profitez du vent qui ſouffle. J'ai cent mille écus à vous faire gagner. Connoiſſez-vous le comte de Vergennes ? — Un peu. — Tant mieux: le connoiſſez-vous aſſez particuliérement pour lui demander, ſous quelque prétexte, à prendre le chocolat chez lui ? — J'y mange quelquefois, & je penſe qu'il me feroit très-facile d'obtenir cette petite faveur. Eh bien, ſi vous voulez vous charger d'une commiſſion, il s'agit de lui adminiſtrer la *potion* du baron de *lanta*.

Cet excès d'audace me mit en fureur, & je crois que je lui aurois arraché les yeux, ſi tout-à-coup, éclatant de rire, il ne m'eût aſſuré positivement, & *foi de prêtre*, que c'étoit une fable qu'il ne m'avoit *débitée* que pour me mettre en colere.

Cependant je me livrai à une infinité de réflexions ; le récit de la Dorvat, ces mots surtout, *elle vous employera*, *soyez sûre qu'elle vous employera* ; les complots dont elle m'avoit parlé ; tout m'effrayoit, & j'avois presque résolu de ne plus voir la reine, lorsque *Lesclaux* entra chez moi portant ce billet ;

« *On vous attend ce soir heure ordinaire.* »

Après avoir long-temps délibéré si je devois m'y rendre où non, je partis & fus introduite, selon l'usage, par *Dorvat*, à qui je demandai un second entretien. Sa majesté me reçut avec plus de bonté, plus d'empressement que jamais, & ce qui doit étonner, c'est qu'il ne fut question, ni de Vergennes, ni du *cardinal*, ni de potion, ni des cents mille écus ; la reine se livra toute entiere à ses plaisirs & ne me parla de rien, quoique j'eusse été charmée de lui remettre la lettre suivante, qu'elle lut en riant.

Madame,

« *L'esclave* s'est empressé de seconder les vues
» de son *maître*, en faisant quelques tentatives
» auprès de la comtesse, dont la pétulente fu-
» reur m'a forcé de changer de langage & de
» feindre ; mais je la connois trop bien pour
» désespérer de l'amener où je voudrai. Elle
» est vive, fait même la bégueule ; c'est un reste
» du couvent de Passy, qu'il est très facile de
» faire disparoître au son de l'or. Vous avez
» très-bien fait de la mander pour ce soir ; en-
» doctrinez-là, & j'acheverai de la convertir. »
« Au reste, si elle ne consent point à sauter
» le pas, j'ai apperçu chez elle un *quidam*
» qui ne sera pas difficile, & qui peut se char-
» ger de cette *grande* besogne. Il faut que le
» maître soit bien adorable, qu'il soit bien
» cher, pour qu'on se réduise à tramer, à as-
» surer la mort d'un homme qui, je vous l'a-
» vouerai, est le plus sincere & le plus dévoué
» de mes amis. Mais quelque grand que soit le

» ſervice, vous avez dit, & vos bontés le » placent au-deſſous de la récompenſe.

Adieu, M. A. T. R. R. adieu. »

Je me rendis, en quittant la reine, chez la *Dorvat*, qui m'attendoit : je lui demandai ſi elle ſavoit les raiſons de la haine de ſa maîtreſſe pour M. de Vergennes ? Voici ce qu'elle m'apprit : il y a long-temps que la reine & M. de Vergennes ſont ouvertement brouillés, & ce qui rend ſa majeſté plus furieuſe, c'eſt qu'elle ne peut penſer à l'expulſer de la cour par les voies ordinaires ; lui imputer des fautes capitales ne ſuffiroit pas pour ſa chûte, & la calomnie ne feroit que lui préparer de nouveaux triomphes... La reine, à qui un ou mille forfaits de plus ne coûtent rien, a réſolu de s'en défaire par le même moyen que celui employé contre le vertueux *Maurepas* : — Ce vieillard, vous le ſavez, avoit le malheur de lui déplaire par ſon auſtere économie ; elle l'abhorroit avec une loyauté peu ordinaire : cependant cet homme incommode lui avoit été néceſſaire pluſieurs fois ; pour lui épargner des chagrins éternels & une diſgrace ſcandaleuſe auprès du roi ſon époux. Le vieux Maurepas, connoiſſoit l'inconduite de ſa majeſté, il oſoit même quelquefois la réprimander paternellement, & menacer d'en inſtruire le monarque ſi les *orgies* continuoient : le miniſtre gardoit pourtant un profond ſilence ſur toutes ces diſſolutions. Un jour qu'il ſe rendoit chez la reine, pour lui rendre compte d'une grace qu'il avoit accordée à ſa ſollicitation, il entra dans l'appartement ſans ſe faire annoncer : il recule d'horreur & d'effroi ; il voit la fille des Céſars, la reine de France dans les bras inceſtueux de ſon frere, du corrompu d'Artois...... Un cri de ſurpriſe & de crainte ſe fit entendre, c'étoit la reine qui s'évanouiſſoit à l'aſpect du vieux miniſtre. On parvint à la rappeller à la vie, le comte promit un ſecret inviolable ſur cette aventure, gronda ſérieuſement le couple adultere, & ſortit le cœur rempli de mépris & de rage. La *Polignac* régnoit alors ſur l'ame d'Antoinette ;

on lui raconta la ſcene qui venoit de ſe paſſer, & les craintes qu'on avoit ſur la diſcrétion du vieux miniſtre .... On fit entendre qu'il falloit s'en défaire à quel prix que ce fût; enfin on propoſa la coupe fatale donnée à Socrate, Poliguac ſe chargea de l'adminiſtrer, & bientôt une langueur mortelle mina ſourdement *les facultés* phyſiques de *Maurepas*, qui trois mois après l'aventure du ſopha expira dans les bras & humecté des larmes de Louis XVI, ſon jeune & royal pupille.

Vergennes a ſuccédé à ce miniſtre inexorable, & Vergennes eſt auſſi récalcitrant que ſon prédéceſſeur. Il faut donc détruire toute la race de ces hommes ſéveres, & enter un prodigue ſur leur ſouche. L'empereur, qui rode ſans ceſſe autour de nous pour épier le moment favorable, voudroit qu'on plaçât au département des affaires étrangeres un homme qu'il fût facile de mettre dans ſes intérêts; il attend avec impatience... & déjà il murmure contre la *longévité* d'un *miniſtre*, ſous l'adminiſtration duquel il déſeſpere de recouvrer *la Lorraine* & *la Flandre.*

Il faudra donc s'en défaire comme de *Maurepas*, mais le coup n'eſt pas ſi facile à porter qu'il l'étoit en 1781. *La Polignac* n'eſt plus le *ſaint* de la cour, elle a perdu entiérement la confiance de la reine; celle-ci n'oſeroit lui confier un ſecond meſſage de cette eſpece. Tremblez, madame, qu'elle ne vous propoſe ....

Il ſuffit, Mademoiſelle, lui repliquai-je, je vous entends, & vous dois mille remercîmens; qu'ils viennent, je les attends, & je crois bien qu'ils ne viendront pas une ſeconde fois à la charge.

Villette étoit chez moi lorſque j'y arrivai; il m'apprit que le cardinal lui avoit aſſigné un rendez-vous chez lui pour le ſoir à ſix heures. Je ſoupçonnai qu'il vouloit voir ſi ce ne ſeroit pas ſon affaire, pour adminiſtrer la potion ſuſdite, & je ne me trompois pas, comme on le verra dans la correſpondance entre le cardinal & la reine, que je renvoie à la fin de ce mémoire, pour ne pas fatiguer davantage l'attention de nos lecteurs. Je ne sais comment ni par qui le comte de *Vergennes* fut empoisonné depuis, mais il est de toute notoriété qu'il est mort empoisonné. Sans doute que l'intérêt qu'il prit au perfide cardinal dans l'affaire du collier, ranima la fureur de sa majesté, & qu'elle jura & consomma en 1786 la perte qu'elle n'avoit pu consommer en 1784.

Je me suis beaucoup étendu dans mon premier mémoire sur ma détention à la Bastille, sur les efforts homicides des Fremins, Titon de Villautran & Chenon, pour arracher le cardinal au glaive de la justice, par leurs avis secrets, leurs signes d'intelligence en public, & par les conseils perfides qu'ils me donnoient à moi pour m'empêcher de dire la vérité, en me montrant la mort prête à me frapper dès l'instant que j'oserois nommer la *reine* dans mes interrogatoires.

Je n'ai pas dit que je conversois familiérement avec le cardinal pendant la moitié de la journée ; que ce prélat, baiſſant les jalouſies de ſon appartement, qui donnoient préciſément ſur les croiſées de ma chambre, pouvoit s'entretenir avec moi, ſans que perſonne s'en apperçût.

Je n'ai pas dit que nous rencontrant quelquefois à la promenade, il s'informoit toujours de ma ſanté, de celle de mon mari, & répétoit ſans ceſſe qu'on vouloit nous perdre l'un & l'autre, pour avoir ſervi aveuglément les caprices d'une *femme perverſe.* Je puis citer le chevalier du *Pujet*, qui exiſte encore, après avoir échappé à la hache des vainqueurs de la Baſtille; cet officier, chargé de m'accompagner à la promenade, a reçu pluſieurs fois des diamans du cardinal pour prix de la complaiſance qu'il avoit de nous laiſſer ſeuls à l'écart concerter nos réponſes enſemble, & réfléchir ſur le choc des paſſions différentes qui ſe heurtoient ſans ceſſe pour nous ſauver ou nous perdre.

Je n'ai pas dit que les premiers temps de ma détention s'étoient écoulés dans la joie. Je chantois toute la journée; je jouissois de la promenade qui m'étoit permise, je dormois d'un sommeil tranquille, parce que ma conscience l'étoit aussi; mais dès que je fus convaincue qu'on vouloit sauver la reine, dont la tête dépendoit d'une explication; qu'une ligue formidable s'étoit formée pour détourner l'orage qui menaçoit le cardinal, & que la tempête étoit toute ramassée sur ma tête innocente, mon courage m'abandonna, j'abhorrois tout ce qui venoit m'arracher à ma solitude, je ne pris plus aucune nourriture, je ne goûtai plus les douceurs du sommeil, les convulsions du désespoir succéderent dans mon ame au calme & à l'alégresse: une nuit sur-tout j'aurois expiré dans cet état de douleur, si mes cris aigus n'eussent attiré dans ma prison l'officier de garde, qui me trouva étendue sur le pavé de ma chambre, nue, sans mouvement & presque sans vie. On m'administra tous les secours de l'art, tout jusqu'au traître confesseur, lequel sembloit compâtir à ma déplorable situation; je dépérissois insensiblement, lorsqu'on vint m'arracher des bras de la mort pour me traîner dans ceux de l'infamie.

Mais puisqu'on avoit fait tant d'efforts & commis tant de crimes pour me perdre, pourquoi l'insensible humanité, l'humanité barbare de mes ennemis a-t-elle été deux fois aussi ingénieuse pour aggraver mes douleurs ? Pourquoi n'avoir pas tranché dans la bastille le fil fragile de mes jours ? Pourquoi ne m'avoir pas laissé, dans le séjour du crime & de la prostitution, expier une partie des forfaits de ma puissante persécutrice, pour laquelle je réclamois tous les jours la clémence divine ? Quel bras inhumainement secourable m'arracha des pieds de la croix que j'embrassois avec transports, parce que j'y trouvois un soulagement à tous mes maux, pour me livrer en proie derechef à toutes les horreurs de la honte, aux fureurs de la haine & à la cruelle nécessité de me justifier, & d'éclairer des iniquités que l'Europe n'avoit que soupçonnées. Mais, n'en doutons pas, la providence éternelle, qui veille sur tout, a conduit elle-même ma destinée ; elle

s'est

s'est servie de l'autorité même de la coupable souveraine pour me retirer d'un lieu d'horreur, d'où il ne m'eût jamais été permis de faire entendre ma voix. Antoinette, en facilitant ma fuite, sembloit vouloir me venger & m'ordonner d'aller respirer un air libre, & d'oser y publier des vérités que la force avoit ensevelies dans les archives impénétrables de la Bastille. Bénissons l'être juste, le juge suprême qui punit quelquefois le coupable par sa propre main! bénissons-le encore de m'avoir laissée vivre assez long-temps pour répandre le jour sur le mystere de tant d'iniquités odieuses, & de donner un grand & mémorable exemple à la terre....

Et toi, ô Louis XVI ! ô mon prince ! car je suis encore & plus que jamais ta sujette, puisque tu regnes enfin sur un peuple libre, pardonne si les circonstances & l'implacable cruauté de ta *chere* compagne me forcent d'affliger ton cœur paternel ! puisse ce nouveau recueil de faits incontestables ne jamais tomber sous tes yeux ! ce n'est pas pour t'aigrir contre cette barbare autrichienne que j'écris; que ne puis-je me justifier sans l'accuser, que ne puis-je prouver mon innocence, que ne puis-je l'accuser sans t'exposer à connoître de quels alentours ton trône est approché? Puisse la crainte opérer dans l'ame d'Antoinette ce que n'a jamais pu l'amour, l'adoration de vingt-quatre millions d'individus; puisse une reine absolue, se souvenir que ses forfaits seuls ont pu soulever contre toi le peuple le plus *servile*, le plus *foible*, le plus aimant de la terre, & l'exposer elle-même à chercher demi-nue son salut dans les bras d'un époux, dont la veille elle avoit dit-on ordonné l'assassinat. Périsse à jamais la mémoire de tant de malheurs, & puisse ta malheureuse épouse mériter bientôt les vœux & la bénédiction d'un peuple dont elle à voulu répandre le sang.

PIECES JUSTIFICATIVES.

Cette correſpondance, ainſi que celle inſérée dans mon premier mémoire, étoit reſtée à Bar-ſur-Aube, dans un ſecrétaire à *ſecret* dont l'ouverture avoit échappé à la perſpicacité de *des Brugnieres*. Je l'ai montrée à MM. de *Calonne* & *Breteuil*, qui tous deux m'en ont demandé copie; les originaux doivent être entre les mains de madame la princeſſe de *Marſan*, à qui l'abbé *Georgel* les a remis avant que les ordres du baron *de Breteuil*, pour la ſaiſie des papiers du *cardinal*, euſſent pu être exécutés.

N°. I.

Lettre du cardinal à la reine.

7 Août 1784.

Mon adorable *maître*, permettez que je reprenne mes ſens enivrés de vos faveurs céleſtes ! Je m'en étois fait avant de vous approcher une idée au-deſſus de tout ce qu'il y a d'humain ſur la terre, mais la réalité renchérit encore ſur mon imagination exaltée : — que les rois ſont heureux ! — Pardonnez à votre *eſclave* le manque d'expreſſions pour vous peindre ſa félicité ! il eſt permis de la ſentir, mais jamais d'en rendre les délices. — Qu'elle nuit j'ai paſſée ! comme elle à fait promptement place à l'aurore importune ! Qu'elles ſenſations raviſſantes ontaccompagné ces momens d'ivreſſe ! La ſeule idée que vous avez daigné oublier juſqu'à la trace des impreſſions que la calomnie avoit *laiſſées* ſur votre eſprit à mon déſavantage ; le pardon complet dont je ne puis plus douter, accordé à mes imprudences ; ce pardon cimenté, couronné par d'ineffables *bontés*, tout cela m'éleve au-deſſus de tous les mortels, & voilà quel eſt le pouvoir de l'amour le plus pur & le plus vif. Je crains que l'excès de ma joie, que la préſence continuelle des charmes divins, des *faveurs* de mon *cher maître* ne dérangent mon cerveau. — Le dessein cruel qu'il a de m'éloigner pour quelques jours, tant pour confondre la curiosité coupable des *alentours*, que pour le servir dans ses *grands projets*, m'assiege au milieu de ces ravissemens, & je succombe enfin à cette lutte de plaisirs & de soucis.

Tel est l'état dans lequel j'attends la réponse de mon adorable *maître*.

M. B. S. T. C. B. c'est entendu.

N°. I I.

Lettre de la reine au cardinal.

Du 8 août 1784.

Ne me parle pas de *pardon*, lorsqu'il n'y a point eu d'offense ; maudis plutôt avec moi les bouches envenimées qui m'ont privé si longtemps d'une volupté qui m'étoit inconnue ! — Ce n'est que du moyen de renouveller souvent

& ſans danger ces momens d'ivreſſe, qu'il faut nous occuper entiérement. — Oui mon ange, oui, je crois que nos ames réunies ne pourront plus ſe ſéparer. — La mienne vole ſans ceſſe vers toi, je ne ſuis plus que là ou mon imagination te ſuppoſe. — Attachons-nous donc ſérieuſement à donner le change au *miniſtre*, aux P. aux V. aux B. &c. &c. Ecartons tout ſoupçon ſur les viſites, rendons ſi nous le pouvons tes aſſiduités naturelles. — Trouve quelque moyen. — Moi je vais rêver, & ce ſoir je te ferai part du réſultat de mes réflexions. —

Concerte-toi avec la comteſſe, elle nous eſt abſolument néceſſaire; mais plus de *ſauvage*; qu'il n'en ſoit jamais queſtion.

A ce ſoir, J. T. R. T. B. A. B. V. C. S. adieu.

N°. III.

Lettre de la reine au cardinal.

Du 8 août 1784.

Le maître ne peut recevoir *l'eſclave* aujourd'hui ; le *ministre* arrive dans l'instant, & je redoute qu'il me délivre de son ennuyeuse présence jusqu'à demain six heures du matin, où il part pour R. La comtesse fera part à *l'esclave* d'une invention propre à faciliter nos entrevues. Je serai à T. demain toute la journée, on m'y rejoindra à l'heure indiquée pour le rendez-vous d'aujourd'hui.

N. B. Voyez la réponse à ces deux lettres, au N°. XIV des pieces justificatives du premier mémoire, p. 243.

N°. IV.

Lettre du cardinal à la reine.

(Du 22 août 1784.

C'en est fait, je me rends à la nécessité de mon départ ; j'en mourrai peut-être de douleur, mais la tranquillité de mon *maître* m'est plus chere que la vie. — Quoiqu'il puiſſe arriver de nos audacieux projets, de nos importantes entrepriſes, je me voue courageuſement à la marche des événemens; qu'il me reſte du moins, ſi j'y trouve la mort, qu'il me reſte la douce conſolation de mourir ton ami! — Daigne te ſouvenir quelquefois de mon zele infatigable à te ſervir de ma loyale bonne foi, de mon *amour* ſur-tout, de mon amour éternel! — Mais où m'égarent de frivoles preſſentimens! Nous réuſſirons, n'en doutons pas, tout eſt préparé, tout eſt près de l'exécution; deux couriers intelligens & diſcrets ſe croiſeront ſans ceſſe ſur la route de Vi.., deux autres ſur celle de Ver.. Je ſerai ſenſé enſeveli à S. & tous nos reſſorts inviſibles joueront à la fois. La comteſſe s'eſt entiérement refuſée derechef à la propoſition des cent mille écus, mais le ſieur de Villette, chevalier d'induſtrie, que j'ai vu chez elle, ne ſera peut être pas ſi difficile. Au reſte ce ſauvage ſe charge seul de la réussite ..... J'attends les ordres de mon adorable maître.

B. C. A. Z. P. Oh! oui, de grand cœur!

N°. V.

Lettre du cardinal à la reine.

Du 25 août 1784.

Je ne conçois pas comment la comtesse ne t'a pas remis ma lettre d'hier, qui t'annonçoit la remise du paquet en des mains sûres, & la maniere neuve & indubitable dont je m'y suis pris pour le faire arriver à bon port. C'est donc demain le jour fatal! — Dieux! je ne puis y penser sans éprouver des pressentimens involontaires qui remplissent mon ame d'amertume! Je vois déjà l'ex-beau-f. & le roué C..y, l'impudent Besenwal, le P...on V... & l'androgine P... abuser de mon absence pour me perdre dans ton esprit, ou du moins pour renouer des intrigues chéries... Cruelle ! donne-moi plutôt la mort ! — Je te jure que je ne pourrois ſurvivre à une infidélité.

N°. VII.

Lettre de la reine au cardinal.

Du 25 août 1784.

Oui, *c'eſt demain le jour fatal*; deux nuits nous reſtent pour intervalle à cette terrible ſéparation. Jouiſſons en mon *ange*, jouiſſons-en ſans trouble, & ſans pénétrer dans un avenir incertain. — Juſtement le miniſtre va pour deux jour à F... mettons à profit ces derniers momens de liberté. Ce ſoir je me rends à T. viens, à l'heure & en coſtume ordinaires, ſous les piliers de la chapelle ; *Leſclaux* te conduira où je lui aurai ordonné de me joindre.

N°. V I I.

Lettre du cardinal à la reine.

2 Septembre 1784.

Me voilà donc enseveli dans une austere solitude; entouré de déserts, de soucis, d'un silence profond & de la plus cruelle des incertitudes! Comme les jours different entr'eux! Il y a aujourd'hui une huitaine, j'étois au comble de la félicité; aujourd'hui, seul dans l'univers, calomnié peut-être auprès de mon adorable *maître*, par ces P. barbares & jaloux, prompts à se faire justice de tout ce qui a le bonheur de l'approcher au préjudice de l'empire tyrannique qu'ils ont si bien su exercer sur votre ame communicative. Villerte s'est rendu chez moi le soir de mon départ, il m'a paru avoir été endoctriné par la comtesse, & cependant j'espere qu'il fera notre affaire. Il doit venir à S. prenître ses dernieres instructions, & c'est d'ici que partira le grand coup qui va changer la face de l'Europe Ton frere m'écrit d'une maniere inquiete, & qui outrage nos intentions ; il m'accuse de *lenteur*, de *timidité*, *d'embarras*, *d'insouciance !* qu'il sait peu apprécier le prix de mon zèle ! Le bonheur de te posséder peut-il être comparé au foible avantage de gouverner un empire ? — Que disent de mon départ tes alentours déconcertés ? parle, ne me cache rien, & sur-tout plus de f. B. T. B. C. A. V. tu m'entends ?

N° VIII.

Lettre de la reine au cardinal.

15 Septembre 1784.

Tu t'effrayes toujours, & j'en suis enchantée, parce que *l'amour* est ombrageux ou peu sincere. — Je m'empresse de te rassurer, ne crains rien, ni de mes alentours, ni du beau-f...., rien ne peut affoiblir dans mon esprit l'idée que j'ai conçue de l'adorable *esclave*, ni l'amour que j'ai jurée de lui conserver jusqu'au dernier soupir. — Tout est ici consterné de ton départ, on se regarde en silence, on semble se dire mutuellement où sommes-nous ? nos soupçons étoient donc une chimere ? — Je dois te faire ma confidence : la P.... a, comme tu l'avois prévu, tenté de renouer, mais cela ne prend pas ; je n'ai cependant pas rejetté toute espece d'accommodement, parce que je la garde pour un *pis aller* dans notre grande affaire. — Qui t'a répondu de ce Villette ? — Le connois-tu assez pour lui confier une entreprise aussi délicate ? — Cependant le tems presse, & ce n'est qu'à ce prix qu'il t'est permis de revoler dans mes bras. Songe que je ne veux plus du visir V., & que ton exil ne se terminera qu'après qu'il aura avalé la coupe salutaire ; dès ce moment tu peux venir demander ta récompense.

N°. IX.

Lettre de la reine au cardinal.

6 octobre 1784.

Je t'envoie la comtesse pour te communiquer

un grand projet; je voudrois que tu te chargeasse de l'exécution, en me réservant de ne paroître en rien, & de n'avoir affaire qu'à toi seul. — Quant au visir, je crois que j'ai trouvé mon affaire ; c'est l'unique motif qui m'a déterminé à ne pas expulser l'impudente P.. — Si tu crois ta présence nécessaire à Paris pour l'exécution du projet que te communiquera la comtesse, tu peux venir ; je revoque ma *lettre de cachet*, & je t'attends avec impatience : tandis que nous frapperons le grand coup, tu peux me rendre un service que je n'oublierai jamais, & que l'extrême sordidité du *ministre* à rendu indispensable.

N. B. *Suit la correspondance, touchant le* collier, *imprimée partie à la suite de mon premier mémoire.*

F I N.

SECOND

MÉMOIRE

JUSTIFICATIF

DE LA COMTESSE DE VALOIS DE LA MOTTE;

ÉCRIT PAR ELLE-MÊME.

» La vérité terrible, avec des yeux vengeurs,
» Vient sur l'aîle du temps, & lit au fond des cœurs;
» Son flambeau redoutable éclaire enfin l'abîme
» Où, dans l'impunité, s'étoit caché le crime. »

Eriphile, Tragéd. de Volt.

À LONDRES.

1789.

SECOND MÉMOIRE JUSTIFICATIF.

Il est des positions bien affreuses dans la vie ! Il est des êtres bien malheureux ! Mais je doute que, dans les annales de l'infortune humaine, il se trouve un exemple qu'on puisse opposer à mes calamités ! Ce qui me les rend insupportables, c'est moins l'humiliation & l'ignominie, auxquelles on m'a iniquement voués, que l'indispensable & accablante nécessité où je me trouve d'éclaircir des faits trop présens à la mémoire de tout un peuple, & de r'ouvrir des plaies que le temps n'a pas encore cicatrisées. — Quelle fatalité me force encore à reprendre la plume, après qu'elle est tombée

www.ingramcontent.com/pod-product-compliance
Ingram Content Group UK Ltd.
Pitfield, Milton Keynes, MK11 3LW, UK
UKHW022110260726
13993UKWH00001B/436

9 782329 304854